QUELQUES LETTRES

SUR UN

Voyage en France

fait en 1788

Publiées par Léon GALLE

LYON

MOUGIN-RUSAND, Imprimeur-Éditeur

3, Rue Stella, 3

—

M DCCC XCV

QUELQUES LETTRES

SUR UN

Voyage en France

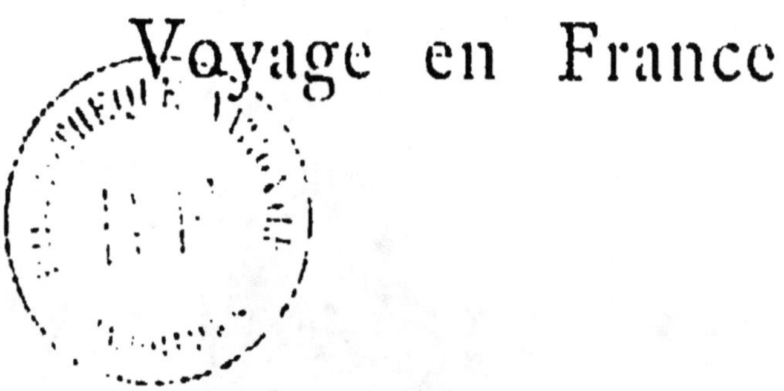

QUELQUES LETTRES

sur un

Voyage en France

fait en 1788

Publiées par Léon GALLE

LYON

MOUGIN-RUSAND, Imprimeur-Éditeur

3, Rue Stella, 3

—

M DCCC XCV

AVANT-PROPOS

Je dois à l'obligeance de l'un de mes meilleurs amis la communication d'une intéressante correspondance, datée de 1788, conservée avec soin dans sa famille jusqu'à ce jour.

L'autorisation de publier ces lettres en tout ou en partie m'a été gracieusement accordée, sous la réserve toutefois de n'indiquer que par des initiales le nom des deux correspondants.

M. C... du T..., secrétaire du roi, maison et couronne de France, résidant à Paris, fut appelé en Languedoc par un procès engagé devant le parlement de Toulouse. Désireux de mettre à profit ce déplacement qui, à cette époque, constituait un long et pénible voyage, il résolut de visiter les principales villes de France, dont l'accès ne devait pas le détourner sensiblement de sa route. Il traversa ainsi Fontainebleau, Moulins, Roanne, Lyon, Vienne, Valence, Avignon, Nîmes, Montpellier, Castelnaudary, Toulouse, Bordeaux, La Rochelle, Rochefort, Poitiers, Tours, Blois et Orléans.

De chacune de ces villes, il adresse à un ami resté à Paris, M. de Br..., une série de lettres qui forment un curieux journal de voyage.

Il ne faut pas chercher dans ces récits de captivantes descriptions de monuments ou de paysages. Notre voyageur n'est ni un archéologue, ni un artiste ; les plus beaux monuments le laissent froid, et tout en se montrant un fervent adepte de Jean-Jacques, il se passionne peu pour les beautés de la nature. On remarque en lui un esprit observateur, attiré de préférence par les questions utilitaires, empreint surtout de cette sensibilité factice alors si fort à la mode. M. C... du T... est le type de ces gentilshommes lettrés de la fin du dix-huitième siècle, légers, aimables, agréablement railleurs et passablement sceptiques ; on peut penser qu'il a fréquenté la compagnie des philosophes et des beaux esprits. Il est de ceux qui, plus tard, porteront leur tête sur l'échafaud avec une courageuse et hautaine indifférence, quelque peu surpris toutefois de se voir envoyés à la mort par des hommes *sensibles* et *vertueux*, au nom de la liberté, de l'égalité et de la fraternité.

Dans ses lettres, il effleure les sujets les plus variés en un style facile et alerte, mais qui n'est cependant pas exempt d'affectation et de recherche, et bien que sa correspondance ait un caractère familier et intime, il semble viser à l'effet.

Lyon est de toutes les villes parcourues, celle dont il s'occupe le plus longuement. La situation exceptionnelle de la cité, les quais, le nouveau quartier de Perrache le frappent singulièrement ; les monuments le trouvent indifférent. « La cathédrale est d'une architecture gothique; l'Hôtel de Ville est d'un très bon goût, » mais l'abbaye de Saint-Pierre lui paraît plus digne d'intérêt. Il ne visite aucun des couvents, si riches en tableaux et en objets d'art : les Célestins, les Jacobins, les Grands-Carmes ; la chapelle des Carmélites avec les tombeaux des Villeroy, celle des Confalons, somptueusement décorée, ornée de tableaux de maîtres. Il en est de même pour les trésors des églises. Les hôtels du quartier de Bellecour, aménagés avec tant de luxe et de goût, les collections particulières ne l'attirent pas davantage.

Combien n'est-il pas regrettable que de toutes ces richesses artistiques, de toutes ces curiosités, anéanties pour la plupart pendant la Révolution, il ne reste que de vagues souvenirs. Les historiens et les chroniqueurs contemporains se bornent à de sèches et arides nomenclatures, et d'autre part, Lyon a été fort négligé par les nombreux voyageurs qui l'ont traversé. Seul, Golnitz, au commencement du dix-septième siècle, a laissé une relation que l'on consulte encore avec fruit. Les autres, après avoir réédité les vieilles légendes sur l'origine de Lugdunum, admirent la place Bellecour, vantent l'impétuosité du Rhône et la nonchalance de la Saône ; ils trouvent les maisons très hautes et les rues très étroites, et admettent généralement que les Lyonnaises sont accortes; mais de tout cela, il ne résulte qu'un tableau très imparfait de la ville et des mœurs de ses habitants.

Si les lettres de M. C... du T..., ne comblent pas entièrement cette lacune, elles offrent néanmoins un réel intérêt par le récit d'événements pris sur le vif; elles font connaître aussi plusieurs particularités ignorées des chroniqueurs ou historiens lyonnais. Puis ce sont, dans le cours du voyage, outre des aperçus sur les nombreuses villes visitées, des observations et des critiques très judicieuses sur les abus qui ont provoqué la chute de l'ancien régime. On voit à quel point les principes de la Révolution s'étaient propagés parmi les classes dirigeantes, la haute bourgeoisie, les gens de lettres et de finance.

C'est pourquoi, bien qu'elles ne fussent pas

destinées à voir le jour, ces pages qui présentent la saveur de certains mémoires ne sont point indignes d'être publiées.

La correspondance adressée par M. C... du T... à M. de Br., forme un cahier in-4º de 275 pages. Les lettres qui se rapportent à Lyon étant par leur importance le principal attrait de ce recueil, m'ont paru devoir être reproduites intégralement. Quant aux-autres, j'en ai conservé seulement les parties descriptives et anecdotiques; laissant de côté de longues dissertations sur la politique, les parlements, le ministère de Loménie de Brienne, toutes choses que l'on trouve copieusement relatées dans les annalistes du temps.

QUELQUES LETTRES

UN VOYAGE EN FRANCE

fait en 1788

DE PARIS A LYON

De Montargis, 5 mars 1788. — « Vous voulez donc, mon cher ami, que je vous trace une esquisse de mon voyage. Il me sera plus facile de vous obéir que de vous satisfaire. Cependant, je compte assez sur votre indulgence et sur votre amitié pour me laisser aller au plaisir de vous amuser, fut-ce à mes dépens...

« A travers les prés et les bois, j'arrivai à Fontainebleau, ville fort agréable quand le Roy y demeure, par le grand mouvement qu'il y attire, mais, pendant son absence, aussi solitaire que les rochers et la forêt qui l'entourent. Là, on ne vit que pour lui et par lui... Vous en dirai-je davantage ? Non, car pourrais-je m'empêcher de vous témoigner la peine que j'ai ressentie en voyant ces bâtimens immenses, nouvellement ajoutés à l'immensité de ceux qui y étoient déjà, et en même temps de gémir sur le silence coupable de l'administrateur des finances, qui laissoit faire au Roy des dépenses considérables en tous genres et de tous côtés, tandis qu'il savoit le délabrement de ses affaires, et que dans peu, la nation et l'Europe entière allaient avoir sous les yeux les preuves d'un déficit immense, et pour ainsi dire un aperçu de la banqueroute. »

Après une violente critique du gouvernement personnel, où il déplore le sort des rois qui, aveuglés par leurs ministres et leurs familiers, ne peuvent avoir une connaissance exacte des besoins du pays, M. C. du T. termine ainsi :

« De tout cela je tâcherai de conclure en disant que pour être heureux, il faut se contenter de ce que l'on possède, sans désirer ce que l'on ne peut avoir, et pour dernière raison se persuader qu'en telle contrée que le sort nous place, nous y trouverons des rois inappliqués, des princes sans conduite, des grands sans honneur, des ministres sans probité, des femmes sans vertu, des prêtres sans principes, des courtisans sans âme et des hommes indifférens sur tout, hors sur leurs intérêts. »

De Lyon, le 8 mars. — « J'oubliai ma fatigue après un bon sommeil. Le lendemain,

« Du blond Phœbus la crinière dorée
« Me fit réveiller en sursaut,
« Du lit en bas je fis un saut
« Et je repris gaiement ma seconde journée.

« Je trouvai la campagne (à Montargis) aussi peu avancée qu'à Paris, c'est-à-dire que dans ses environs. La nature n'y déployoit pas encore ses habits de printemps, et l'hyver y jouissoit de ses droits. La première ville que je traversai fut Briare. Le canal qui passe à Montargis est ici à sa source, ou à son embouchure comme vous voudrez l'appeler. Il prend son nom de cette ville et le conserve jusqu'à la Seine. Par son moyen se fait un grand commerce, et dans son genre il est aussi utile à ces provinces, que le canal de la Garonne, en Languedoc, l'est à celles qu'il baigne. Quand on a vu ce canal, ce qui ne prend pas beaucoup de temps, on peut enjamber par dessus toute la ville sans crainte de perdre beaucoup. Elle n'a qu'une longue et sale rue, quelques églises ou couvens, et des maisons de peu d'apparence. Le plus beau fleuron de sa couronne est la Loire. Elle vous accompagne jusqu'à La Charité, et là, vis-à-vis la manufacture royale de boutons, assez grand bâtiment hors la ville, elle présente une flaque d'eau immense, à perte de vue. Notez qu'à cette époque la Loire étoit débordée et couvroit une grande étendue de terre. Je dois dire à l'honneur de l'administration que les chemins sont bien entretenus dans cette partie de la province. Des ouvriers répandus çà et là recouvrent les ornières à mesure qu'elles se forment et les remplissent de petites pierres qu'ils trouvent dans des tas, rangés symétriquement le long de la chaussée. Il faisoit ce jour-là un temps désordonné. Alternativement du soleil et de la pluie, de la pluie et du soleil, véritables giboulées de mars. Cette alternative produisoit un coup d'œil fort agréable sur la route que je parcourois. L'eau qui remplissoit les ornières, réfléchissant les rayons du soleil, sembloit dans la perspective, de longues bandes de gazes d'argent étendues inégalement sur le grand chemin. La nuit m'ôta bientôt cette amusette, car tout amuse un voyageur désœuvré, et ce fut avec elle que j'arrivai à Nevers. C'est une grande et assez belle ville. Elle fait un commerce considérable de faïence, de verreries et de verroteries. On pourroit dire en forme de calembourg que son casuel vaut mieux que son ordinaire.

« A t'on quitté les fauxbourgs de Nevers, on est en Bourbonnois. Encore quelques postes, vous voilà à Moulins, sa capitale. Cette ville, séjour de l'Intendant, est annoncée par de belles plantations de tilleuls, d'ormes, de peupliers qui forment des promenades spacieuses. Un beau cours autour de la ville augmente la jouissance des habitans. Des rues assez droites et assez larges, des fontaines publiques, un beau pont, des maisons bien bâties pour la plupart, composent un ensemble fort agréable, et une retraite qui ne l'est pas moins. Le commerce est très actif dans cette ville. La coutellerie surtout occupe un grand nombre d'ouvriers, et les ouvrages qui en sortent sont solides et bien travaillés. On les expédie dans toute la France, et leur bon marché les met à la portée de tout le monde.

« Quelques lieues au-delà de Moulins, le pays commence à devenir montueux. Il présente à toutes sortes de distances des variétés de situation qui raniment l'attention du voyageur. D'un côté, l'Allier coule dans un vallon fertile, au midi, dans l'éloignement de dix à douze lieues, on voit au-dessus des nuées les fameuses montagnes de l'Auvergne, le Mont-Dore et le Puy-de-Dôme. Celles-ci sont renommées par leurs fromages, connus sous le nom de fromages de montagnes.

« Le désir d'arriver un jour plus tôt à Lyon et quelques affaires à y terminer me firent passer par dessus le désagrément de traverser pendant la nuit les parties montagneuses de cette province, peu agréables même en plein jour, telles que Droiturier, St Martin-d'Estreaux, La Pacaudière, La

Palisse, etc. Dans des endroits, le chemin n'étoit pas fini, dans d'autres, il présentoit et des grosses pierres et des inégalités sans nombre que l'obscurité empêchoit de prévoir, ce dont de temps en temps je recevois des commotions capables de réveiller l'homme le plus endormi. Qu'avec une vive satisfaction je vis l'aurore annoncer le retour de la lumière, dorer le sommet des montagnes alors couvertes d'un léger vernis de neige, et la nature se revêtir peu à peu de son bel ajustement !

« Au point du jour je traversai Roanne, qui me parut une ville considérable. Elle fait un grand commerce d'entrepôts et de commission. De petites charettes, trainées par des bœufs, viennent journellement lui apporter des vins que l'on dépose sur son port, pour de là être chargés sur des bateaux que la Loire transporte à Paris ou ailleurs.

« De montagnes en montagnes, en montant, descendant, remontant, je parvins à la fameuse montagne, au bas de laquelle est le bourg de Tarare qui lui donne son nom, lequel est un fort vilain endroit. Quand on est sur son sommet, on jouit d'un aspect très varié et très intéressant. Autour de soi, sont répandues ça et là d'autres éminences plus ou moins grandes. La plupart formant un cône arrondi par l'action des vents et de la pluie, les uns arides, d'autres cultivés ; ici de petits chênes nés au milieu des neiges, des glaçons les habillent en partie, là, des sapins et des bruyères, et partout leurs anfractuosités présentent (surtout en été), des aperçus délicieux, des points de vue pittoresques, enrichis de côté et d'autre par des chalets semés sans ordre, tantôt sur un sommet, tantôt à mi-côte, et tantôt dans un vallon, lequel est animé lui-même par des ruisseaux serpentant dans la prairie. »

LYON

De Lyon, le 10 mars. — « Entre deux montagnes, la Saône s'est frayé un passage. Par un beau chemin en pente douce, fini depuis quelques années, on descend sur ses bords. Le voyageur, qui n'est jamais venu à Lyon, et à qui l'on dit qu'il y touche, le cherche de tous côtés, examine, regarde, et ne voit que des montagnes coupées, d'un côté, et de l'autre, un vallon. S'il ne rencontroit pas quelquefois des gens portant des parasols, meuble fort en usage à Lyon, il croiroit en être encore à cent lieues. Quelques pas de plus, et l'y voilà. Alors une belle porte lui annonce la ville, une partie se déploie devant lui; d'un côté le château de Pierre-Encise, posté sur un roc de la manière la plus pittoresque, des maisons dont le fleuve baigne les fondemens, de l'autre un quai superbe, des magasins, des couvens, de belles casernes. Dans l'éloignement on aperçoit des ponts, et partout un peuple immense. Cette partie est aussi encaissée par de hautes montagnes (1),

---

(1) Cette description ne manque pas d'exactitude, si l'on entend par hautes montagnes des collines de moyenne élévation. Il est singulier qu'un autre voyageur, Abraham Golnitz, entrant à Lyon, ait éprouvé la même impression que M. C. du T. « Presque de tous côtés, dit-il, autour des remparts, s'élèvent des montagnes fort hautes, sur lesquelles sont bâtis en certains endroits les murs de la ville. » (*Les deux Voyages d'Abraham Golnitz dans le Forez et le Lyonnais, par A. Vachez.*)

sur une portion desquelles les enfans de saint Bruno ont établi leur domicile, et d'où ils jouissent d'une vue magnifique, tant sur les bords de la Saône, que sur les plaines qu'arrose le Rhosne.

« Le voyageur en entrant dans Lyon de ce côté est séduit par ce premier aspect. Mais qu'il n'avance pas dans l'intérieur de la ville, sinon de petites rues étroites, tortueuses, désagréablement pavées, s'ouvriront à peine pour le recevoir. Là, il ne voit le ciel qu'en échantillon. A travers les longs toits qui s'avancent en saillie (2), il n'en découvre qu'une étroite bande azurée. On penseroit que ses anciens habitans craignoient de recevoir librement les bénignes influences de l'air et de la lumière. Mais ce reproche n'est pas à faire seulement à cette ville, il s'étend généralement à toutes celles de province, sans oublier Paris, dont la Cité en offre sous nos yeux une preuve authentique.

« Tout émerveillé du beau coup d'œil que m'avoit offert l'entrée de Lyon, je fus encore plus sensible à ce changement de situation. Je respirois à peine au milieu de ces petites rues. J'en sortis le plustôt qu'il me fut possible, et pour me consoler, on me conseille d'aller sur l'autre quai, dit de Saint-Clair. Le conseil étoit bon, et j'en profitai. Figurez-vous une suite de fort belles maisons de cinq ou six étages, bâties aux dépens du ciel, un quai superbe bordé par le Rhosne, et orné de trottoirs fort commodes, une vue magnifique en face et des deux côtés, voilà le quai Saint-Clair. Ajoutez-y une population immense, active, et malgré

---

(2) Les rues de Lyon étaient renommées à juste titre pour leur exiguïté et leur malpropreté, mais les toitures ne dépassaient pas sensiblement les murs de façade. Il est facile de s'en rendre compte en parcourant les vieux quartiers de Saint-Jean et de Saint-Paul.

les circonstances malheureuses où le commerce se trouve par le manque de soye (3), un air d'opulence, de luxe et d'élégance. Deux beaux ponts, l'un en bois, l'autre en pierre, dit de la Guillotière, communiquent avec une promenade agréable située de l'autre côté du Rhosne, appelée les Broteaux. Elle ressemble aux Champs-Élisées. On vient s'y promener, s'y divertir et y gouter. C'est de là, qu'en se retournant du côté de la ville, on jouit d'un aspect superbe. Lyon, dominé par Fourvière, se déroule majestueusement devant vous. Parmi les bâtimens qui vous frappent, vos yeux s'arrêtent sur un édifice d'une architecture noble et imposante, une coupole le couronne, des pilastres le soutiennent, un portique élégant le décore; mais en le regardant plus attentivement, vous vous apercevez qu'il n'est pas achevé. Une aile presque tout entière reste à faire. Ce n'est pas, me dis-je en moi-même, quelque couvent de bénédictins, de bernardins, ou d'autres ordres riches, car il seroit fini. C'est sans doute quelque bâtiment public. De fait je ne me trompai pas. C'étoit l'hopital.

---

(3) La misère était terrible en effet. Le 19 juillet 1787 il y eut une délibération du Consulat qui, devant les besoins pressants d'une multitude d'ouvriers sans travail se borne à constater son impuissance. Il fait appel à la générosité et au dévouement des citoyens. Le 1ᵉʳ septembre 1787, on ouvre une liste de souscriptions. Le 29 mars 1788, le roi, frappé de la misère qui menace d'anéantir les manufactures de Lyon, fait don à la ville pendant vingt ans des droits qui se percevaient à son profit sur les aspirants à la maîtrise de la grande fabrique, et engage le Consulat à avancer 300.000 livres pour le soulagement des ouvriers sans travail. Enfin l'archevêque Marbeuf, par une lettre pastorale datée de Paris, le 22 novembre 1788, exhorte les fidèles à secourir les pauvres ouvriers qui manquent de travail. On voit que, seul, le roi fit preuve de générosité effective.

Quel dommage que les fonds des pauvres aient été employés à bâtir un palais pour les loger (4). J'eus moins de regret de le voir interrompu, en réfléchissant aux besoins toujours renaissans de la misère, et que l'intérêt du million que coutera au moins son achèvement, répandu dans la masse indigente du peuple pourra fournir au traitement de cent

----

(4) Ces critiques à l'adresse des constructions de l'Hôtel-Dieu ne sont pas absolument justifiées. La façade et le dôme ne furent pas édifiés exclusivement avec l'argent des pauvres. Le Consulat désireux de voir s'élever sur le nouveau quai du Rhône (1755) des monuments dignes de fixer les regards par leur élégance et leur solidité, s'engagea à verser pendant dix ans à la caisse du trésorier de l'Hôtel-Dieu une somme de 5,000 livres. (Dagier, *Hist. de l'Hôtel-Dieu*, t. II, p. 124.)

Le dôme fut construit dans un but d'aération; quatre salles viennent y aboutir, il répand à profusion l'air et la lumière. Il est vrai toutefois que l'on aurait pu restreindre la décoration et les ornements extérieurs. Les somptueux bâtiments de l'Hôtel-Dieu étaient un sujet d'étonnement pour les voyageurs de passage à Lyon. « Parmi les monuments qui décorent la capitale du Lyonnais, l'Hôpital-Général tient le premier rang. Il s'étend le long du Rhône et présente une façade superbe sur un quai magnifique; je n'ai trouvé qu'une chose à redire, c'est que les pauvres sont logés à près de deux cent mille livres de loyer, mais au moins vous avez la satisfaction de ne pas voir la mort infecter et pénétrer de terreur le mourant; chaque malade a son lit, et l'air, renouvelé sans cesse dans de vastes salles, n'ajoute pas la corruption au levain morbifique et aux miasmes putrides, qu'au contraire il entraîne. » (*Voyage de Paris en Corse en 1776*, par Reynaud de la Grelaye. Extrait publié par les *Archives du Rhône*, t. XII, p. 239.)

La façade du quai du Rhône n'était pas achevée au moment de la Révolution. Les travaux furent repris en 1821 et 1822, et terminés sous la présidence de M. Terme, en 1839. L'aile en retour au sud, sur la rue de la Barre, ainsi que le pavillon qui y est joint, ont été construits de nos jours et achevés en 1892, sous l'habile direction de M. Pascalon, architecte; M. Sabran étant président du conseil d'administration des Hospices, et M. Détroyat, administrateur-directeur de l'Hôtel-Dieu.

soixante malades de plus, en comptant la dépense de leur journée sur le pied de 17 sols par tête. C'est ainsi que ce qui est perdu pour la vanité, peut être employé bien plus avantageusement par la charité.

« Je repassai dans la ville par le pont de bois dont je vous ai parlé ci-dessus, et qui s'appelle le pont Morand, du nom de son auteur. Il est d'une architecture fort simple et fort délicate. C'est peut-être le seul en France où l'on prend des billets pour y passer. Ils ne coutent que 6 deniers, ce qui fait un sol pour aller et revenir. L'affluence des habitants de la ville, et la communication des gens de la campagne rendent son produit considérable.

« En suivant du côté de l'hopital, une large rue me conduisit à la place de Bellecour. Elle est très vaste ; sa figure est un carré long. Deux beaux bâtimens d'architecture régulière et uniforme la terminent aux deux petits côtés. Des maisons de particuliers, construites sur différens points, remplissent les deux autres faces du parallelogramme. Une promenade sablée et partagée par des compartimens de gazon occupe le milieu de cette immense place, dont le centre est rempli par une statue de Louis XIV. A l'un des côtés, des tilleuls offrent leur ombrage aux promeneurs, ce qui n'est pas dans ce pays une chose indifférente, d'autant plus que c'est le seul endroit de la ville où il y ait des arbres. En continuant de marcher, j'allai voir le nouveau quartier, c'est-à-dire celui dont la compagnie dite de Perrache avoit formé le plan et commencé l'exécution. Permettez-moi d'entrer ici dans un abrégé historique de cette malheureuse entreprise. C'est une leçon pour bien des gens.

« Le sieur Perrache, homme d'un génie vif, ardent et entreprenant, pour qui rien ne paraissoit impossible avec de la patience et de l'argent, forma il y a environ vingt ans un projet fort étendu par lequel il devoit procurer beaucoup d'embellissemens à la ville de Lyon, et en même temps faire sa fortune et celle de ceux qui s'intéresseroient à son entreprise. C'était un projet magnifique comme vous voyez et une spéculation brillante.

« Il prétendoit : 1° Contenir la Saône par une forte chaussée, en détourner un bras, le combler, et forcer le fleuve de se joindre plus bas au Rhosne ; ensuite vendre au profit de la Société des terrains conquis sur le fleuve en conservant sur eux le droit de directe. 2° Construire au confluent du Rhosne et de la Saône un pont qui devoit communiquer à une nouvelle route du Languedoc qu'il ouvriroit plus courte de 27 lieues que celle qu'on suivoit actuellement. 3° Procurer à la ville de Lyon des moulins sur la terre ferme au lieu de ceux sur bateaux. 4° Elever une cité nouvelle à laquelle sa position, ses chantiers, ses ports, ses cours, ses places, l'alignement et la largeur de ses rues (de 32 et de 45 pieds de large), devoient donner des avantages que l'ancienne cité n'avoit pas. 5° Procurer aux Lyonnais sur les deux rives de la Saône et du Rhosne des promenades agréables par des plantations nombreuses. Pour toutes ces choses il ne demandoit que deux millions et six années de temps.

« Muni de l'approbation du Roy, de l'avis du département des Ponts et Chaussées, d'un arrêt du Conseil, de lettres patentes, enfin de tous les titres capables de leurrer les esprits avides (5), il vint à Lyon, et proposa son projet.

---

(5) M. C. du T. se montre bien sévère. Perrache ne fut point un malhonnête homme, un faiseur d'affaires. Il s'est montré sans doute entrepreneur imprudent, et comme beaucoup d'hommes de génie, peu

Il trouva des actionnaires, ce qui ne doit pas étonner, car il y a tant de gens qui ne se contentent pas du cuivre qu'ils trouvent à leurs pieds, mais qui veulent descendre dans les entrailles de la terre ou gravir au sommet des montagnes pour acquérir l'or qu'on leur promet, et la compagnie se forma. Elle fut composée de particuliers riches, et en plus grande partie de gentilshommes et de notaires, qui s'y intéressèrent suivant leurs moyens, et d'après la confiance qu'elle avoit su leur inspirer. Les travaux commencèrent en 1770. Ils ne réussirent pas. Le fleuve détruisit facilement toutes les frêles constructions que Perrache ne cessoit de lui opposer, et par cette raison les premiers fonds des actionnaires furent consommés. Ils empruntèrent sous leur cautionnement solidaire une somme de 1.500.000 l., laquelle fut employée, consommée et disparut comme les premiers fonds. Le chagrin s'empara alors de Perrache ; accablé de reproches, ne voyant qu'un avenir déplorable, sa santé s'altéra des peines qui flétrissoient son cœur, il mourut à peu près sans ressources en octobre 1779, laissant des désastres à réparer, un épuisement presque total de crédit, et des travaux commencés qu'il falloit poursuivre si l'on vouloit retrouver un jour, non la valeur des sommes qu'ils avoient absorbés, mais la simple représentation de la dette dont ils étoient chargés.

---

familiarisé avec les questions d'argent. On peut lui reprocher de n'avoir pas employé avec discernement les fonds mis à sa disposition. M. Morel de Voleine, récemment décédé, possédait une caricature du siècle dernier, dessinée à la plume, représentant Perrache à genoux sur un talus au bord du Rhône, vidant dans le fleuve des sacs d'écus ; derrière lui et debout MM. de Bellescize, de Montribloud, de Fleurieux et l'abbé Guiguet tiennent aussi des sacs d'écus prêts à être versés. Les faiseurs d'affaires d'aujourd'hui ne jettent pas à l'eau l'argent des autres, ils le mettent tout simplement dans leur poche.

« Le pont, pendant ce temps-là, s'étoit élevé ; des arbres avoient été plantés et quelques maisons construites. Malgré l'état désastreux de la compagnie, elle continua ses efforts, réunit tous ses moyens pour reprendre et achever le pont. Son salut dépendoit de sa conservation, sa ruine de sa chûte. Une crue extraordinaire de la Saône l'emporta le 15 janvier 1783, et en même temps toutes ses espérances. Elle avoit alors dépensé 3 millions et en devoit trois autres, dont 1.500.000 l. à Gênes. La plupart des intéressés, ruinés par leurs efforts multipliés et malheureux, ne voyoient qu'une insolvabilité peu éloignée. Pour comble de misère, les terrains conquis sur la Saône, au-dessous du niveau des deux rivières, se remplirent d'eaux stagnantes qui répandirent du mauvais air, et à qui on attribue les maladies épidémiques qui firent beaucoup de ravages dans la ville.

« Pour tâcher de se tirer de cet état de détresse, la compagnie vendit au Roy en septembre 1784, sa directe sur tous ses terrains, à condition qu'en deux ans il prendroit l'engagement de faire les remblais nécessaires et le pont, et de lui prêter 300.000 l. pour payer pendant quatre ans les intérêts de l'emprunt de 1.500.000 l. fait à Gênes. Malheureusement, pour différentes causes, en 1786, le tiers des remblais n'étoit pas fini, et même la construction du pont n'étoit point adjugée, par conséquent la compagnie ne pouvoit rien retirer ni de la vente des terrains nouveaux, ni du péage qui lui étoit accordé. Le terme du payement et l'engagement de la part du Roy étant expirés cette année, le comte de Laurencin, un des directeurs de cette funeste entreprise, fut député par sa compagnie pour solliciter du Roy la continuation des 75.000 l. par an. J'ignore le résultat de sa demande, mais tout le monde a lu dans le compte rendu de 1788, une somme de 50.000 l. passée à l'article des dépenses extraordinaires et affectée aux travaux Perrache. C'est un secours bien modique ; mais les circonstances actuelles sont si difficiles, nos finances sont dans un tel état de marasme et de consomption qu'une somme plus forte seroit peut-être au-dessus de ses moyens.

« Il faut espérer que l'accident arrivé à ce pont fera prendre beaucoup plus de précautions dans la confection de celui qu'on a décidé de réédifier sur la même rivière en face de l'Archevêché (6). En attendant que l'on y travaille, la communication entre ces deux parties de la ville est établie par un pont de bateaux. J'en profite pour aller voir la cathédrale, monument d'une architecture gothique. Je m'y arrêtai peu, car j'étois empressé de monter à Notre-Dame de Fourvière, chapelle située sur une hauteur qui domine toute la ville. La Sainte Vierge y a établi un de ses domiciles, et les Lyonnais sont si bien dans ses bonnes grâces qu'elle a fait et fait encore pour eux beaucoup de choses étonnantes, miraculeuses, ainsi que le prouvent les tableaux votifs qui tapissent les murs de sa chapelle, et les lampes d'argent qui la décorent. Dans les calamités publiques, la foi et l'espérance y conduisent un grand nombre de saintes âmes, et la charité y attire beaucoup de pauvres. La curiosité y en appelle d'autres ; ainsi vous pouvez juger de la réunion de ces différens motifs que l'affluence y est toujours grande. Je vous réserve pour ma première lettre quelques détails sur cette merveilleuse chapelle ou plutôt sur sa terrasse. »

---

(6) Ce pont, dont la première pierre a été posée par le Consulat, le 30 août 1788, ne fut terminé qu'en 1808, époque à laquelle il prit le nom de pont Tilsitt. On l'a reconstruit entièrement en 1864.

De Lyon, le 12 mars. — « Le voyageur que la curiosité
conduit à Notre-Dame de Fourvière regretteroit bien la
peine qu'il a prise de monter si haut, s'il ne trouvoit pour
le dédommager qu'une chapelle fort ordinaire et de mauvais tableaux. Mais la terrasse qui l'avoisine suffit pour le
récompenser. Elle offre un spectacle très varié, et d'une
très grande étendue. Sous les pieds, la ville se déploie, et
ses nombreux clochers sont peut-être à cent toises plus
bas, deux fleuves majestueux accourent l'un avec vitesse,
l'autre avec une douce lenteur, de deux côtés opposés pour
confondre leurs eaux et les porter à la Méditerranée, des
plaines immenses, vivifiées par une culture continue, em-
bellies par de jolies maisons de campagne, un horizon à
perte de vue, borné d'un côté par les montagnes du Forez,
de l'autre par celles du Dauphiné, et dans le fond du
tableau, pour y donner le dernier coup de pinceau, les
Alpes, imprimant leurs têtes blanches dans les nuages, et
présentant à l'imagination une esquisse de la fable d'Atlas.
Ce n'est point une description imaginaire, ni le récit d'un
voyageur à qui l'on peut appliquer ce vers si connu, et
souvent si bien mérité :

« A beau mentir qui vient de loin,

« c'est l'ébauche exacte d'un tableau, bien inférieure à son
modèle. On quitteroit avec bien plus de peine ce superbe
point de vue, si l'on n'avoit pas l'espérance de trouver en
descendant une autre terrasse plus vaste que celle de Fourvière, laquelle forme une esplanade devant le couvent des
Minimes, et présente le même tableau à quelques excep-
tions et augmentations près. Les moines possèdent dans
leur enclos un amphithéâtre des Romains, nouvel aliment à

la curiosité (7). Il est en mauvais état; ce qui en reste, laisse voir les débris d'un grand bâtiment qui a pu être originairement de forme circulaire. Des portiques à moitié détruits conduisent à des espèces de caves, où, dit-on, les Romains enfermoient les bêtes féroces qui servoient à ensanglanter leurs jeux.

« De fait, j'avoue mon insuffisance, si l'on ne m'eût pas fait remarquer ces tristes reliques et donné leur extrait baptistère, je les eusse peut-être prises pour les anciennes caves du couvent.

« Quelques pas plus loin, je fus dédommagé, et ce que l'on me fit voir ne put me laisser d'incertitude sur son origine. Dans le couvent des Ursules sont des bains antiques souterrains (8). L'abricotier, le prunier, le rosier végètent et fleurissent dans la terre qui couvre ces voûtes vénérables. Un petit escalier d'environ dix marches vous y descend. Le jardinier de l'enclos virginal, armé d'un flambeau, y conduit les curieux ; et c'est sous ses ordres que j'y descendis. A la lueur vacillante de la chandelle, il m'a

---

(7) Il s'agit ici du théâtre romain et non de l'amphithéâtre. La partie du clos des anciens religieux minimes où se trouvent ces ruines, appartient aujourd'hui aux dames de N.-D. de la Compassion. L'amphithéâtre était situé plus haut ; on a découvert ces dernières années d'importants vestiges de cet édifice dans la propriété de M. Lafon, rue du Juge-de-Paix.

(8) Cette antique et curieuse construction, connue autrefois sous le nom de Grotte-Berelle, ce qui veut dire grotte faite en berceau, a été maintes fois décrite par les historiens de Lyon. Ce n'était point, comme on l'a dit communément, une salle de bains, mais un réservoir dont l'eau était fournie par l'aqueduc de Saint-Irénée, et qui alimentait un bain situé un peu plus bas. (Artaud). L'enclos que les Ursulines possédaient avant la Révolution, fait partie actuellement du jardin du Grand Séminaire.

paru que ces bains forment un carré arrondi sur les angles.
Un corridor communique à différentes pièces intérieures
qui sont plus ou moins grandes, mais toutes très obscures.
Les murs et la voûte paroissent construits avec des pierres
carrées de différentes grandeurs, recouvertes par ce mastic
inimitable, désespoir de nos architectes. Ce mortier contient
des parcelles de briques, grossièrement concassées ; quant
au gluten qui les rassemble, et dont l'adhésion est extrème
je ne vous en saurois pas analyser le mélange. Déjà a-t-on
fait beaucoup d'essais et de recherches, et toutes les imita-
tions sont encore bien loin de l'original. Je ne peux vous
en montrer qu'un faible échantillon. Je l'ai obtenu assez
difficilement, et si quelques jours auparavant des Anglais
n'en eussent voulu emporter quelques parcelles dans leur
isle, ce qu'ils n'ont pu faire qu'à grands coups de mar-
teau, je m'en serois passé ainsi que vous. Remerciez-en la
Providence, qui envoie de Londres à Lyon des curieux
d'antiquités, justement pour nous procurer les moyens
d'augmenter nos jouissances.

« Avant de quitter ces bains, que sauf l'avis de mon
cicerone, je prends plutôt pour des étuves, il est bon de
vous faire remarquer qu'il existe encore dans un des angles
du corridor un tuyau de briques, lequel par sa position
répondante aux aqueducs existant plus haut dans le jardin
de Saint-Irénée, peut faire soupçonner qu'il y communi-
quoit et que son objet étoit d'y porter de l'eau. Quant à
présent, s'il y en avoit davantage, on ne pourroit plus y
entrer, soit qu'elle y pénètre par deux ouvertures circu-
laires pratiquées à la voûte, et mal bouchées, soit par
ailleurs, elle couvre le sol en quelques parties à la hauteur
d'un ou deux pouces. Malgré l'humidité que cela doit y
entretenir, et le défaut d'air, le mortier n'est pas plus

dégradé en bas qu'en haut, et celui des murs, de la voûte et du plancher conserve son inaltérable dureté.

« Que de beaux bâtimens, nés sous nos yeux, seront tombés en poudre, avant que celui-ci souffre la moindre altération. Tel, dans nos forêts, le chêne surchargé d'années, voit périr à ses pieds l'élégant peuplier comme l'arbuste délicat.

« Sur la place des Terreaux, est situé l'Hôtel de Ville. Il est d'un très bon goût. A ses côtés, et sur la même place, est l'abbaye de Saint-Pierre, édifice que l'on trouve très beau, même auprès de l'autre. L'architecture en est noble, simple et majestueuse. Les chapiteaux des pilastres et le fronton attendent le ciseau du sculpteur (9). Je reconnus à cette imperfection l'effet de l'ardeur de jouir qui fait le fond de notre caractère national ; nous commençons tout avec feu, rien n'est trop beau, rien n'est difficile, ni trop coûteux. Mais notre vivacité nous arrête dans notre marche, pour nous porter ailleurs, et nous entraîne souvent au-delà de nos forces, nous laissant dans l'impossibilité d'aller plus loin, ou de revenir sur nos pas. J'en excepterai seulement les salles de spectacles. *Panem et circenses*, s'écrioient les Romains. Les Athéniens, dont on nous a cru posséder quelques nuances dans le caractère, avoient tant de goût pour les spectacles, qu'au milieu des calamités de la guerre, les fonds énormes destinés à en entretenir la magnificence,

---

(9) En 1823 et 1824, sous la mairie de M. Rambaud, les pilastres et chapiteaux d'ordre corinthien, restés bruts, reçurent leur dernière façon, on blanchit toutes les pierres de taille et les moellons furent recouverts d'un enduit. L'architecte Dardel acheva ce travail, fit exécuter les couronnemens sculptés des mezzanines du rez-de-chaussée et les balustrades des avant-corps au nord et au sud-ouest. (L. Charvet. *Les Royer de la Valfenière.*)

ne pouvoient, sous peine de la vie, être détournés de leur destination pour être employés au salut de l'État. Ce pays devoit être par excellence le paradis des histrions. Nous ne portons pas jusque-là l'amour du théâtre et nous raisonnons un peu mieux nos plaisirs et nos intérêts.

« La salle de comédie de Lyon n'a pas des dehors bien imposants, mais l'intérieur en est fort agréable. Sa forme est ovale, composée de trois rangs de loges. On s'occupoit d'en faire un quatrième, il étoit prêt dans les magasins de la ville et l'on n'attendoit que les vacances de la quinzaine de Pasques pour le placer. On m'a dit que ce quatrième rang seroit souvent vide, et que même la salle comme elle étoit, se trouvoit quelquefois trop grande. La totalité n'eût pas suffi le jour que je m'y suis trouvé. Larive (10) étoit venu remplir le rôle d'Orosmane dans *Zaïre*, et la curiosité y avoit conduit un très grand nombre de spectateurs. Les loges étoient garnies d'un cordon ondoyant de chapeaux, de bonnets, de plumes et de rubans. Aucun homme n'eut osé y prendre place sur le devant, le parterre, d'ailleurs très bruyant et peu contenu, en eût fait justice. Le moins intéressant du spectacle étoit les comédiens, paraissant encore plus mauvais par le voisinage de Larive.

« Il faut maintenant quitter le pays des illusions pour celui de la réalité, c'est le revers de la médaille. Ceux qui se contenteront d'une de ses faces feront bien de ne pas

---

(10) Jean Mauduit, dit *Larive*, né le 6 août 1747 à la Rochelle, mort le 30 avril 1827. Il débuta à Tours, vint pour la première fois à Lyon en 1767 où il réussit complètement. Il fut ensuite élève de Lekain et débuta le 3 septembre 1770 à la Comédie Française. (Emm. Vingtrinier. *Le Théâtre à Lyon pendant le XVIIIe siècle; Revue du Lyonnais*, 4e série, t. VI.)

quitter la salle de spectacle, car à peine auront-ils touché le seuil de la porte que tout le charme sera détruit. Une horde de véritables pauvres, à qui l'argent que l'on vient de donner pour voir une pièce mal jouée, eût servi pour vivre un jour ou deux, va s'empresser au devant d'eux, les entourer, les suivre, et implorer par leurs touchantes sollicitations la pitié qui sommeille dans leurs cœurs. Ces malheureux, ces importuns qui viennent offrir l'image de la misère à ces heureux sybarites, qui sont-ils donc ?... Les ouvriers des fabriques, que le manque de soye a réduit avec leurs familles à la mendicité. Ce sont eux, dont le travail assidu a fourni à la plupart de ces belles dames les moyens de briller. C'est de leurs mains calleuses et décharnées, que sont éclos ces gazes, ces rubans, ces satins dont le luxe a fait une nécessité, et la consommation un impôt public et particulier. Ils meurent de faim, les secours qu'ils ont reçus de la charité publique seroient à peine suffisants pour les soutenir, s'ils étoient seuls, mais la plupart sont mariés et ont des enfans. Enfin, sans compter ces derniers, on a imprimé qu'il y avoit 30.000 ouvriers sans ouvrage, c'est-à-dire sans pain (11).

---

(11) On lit dans les *Mémoires secrets*, de Bachaumont, t. XXXV, p. 495 : « La récolte des soies a manqué partout. Les fabricants de Lyon ont cessé de faire travailler à cause de leur cherté excessive ; plus de 4.000 métiers sont à bas, tous les jours le nombre en augmente. Les ouvriers font déjà des représentations au Consulat, mais comment sustenter 40 à 50.000 ouvriers ! Grand nombre d'entre eux ont demandé pour passer chez l'étranger des passeports qui leur ont été refusés. » Les *Mémoires secrets* et M. C. du T. exagèrent sensiblement le nombre des malheureux. Voici la statistique ouvrière de Lyon en décembre 1788 ; à cette date le Consulat fait dresser un état général des métiers pour la fabrication des étoffes de soie travaillant et vacants,

« Au milieu du luxe qui entoure le particulier, peut-il
s'empêcher de jeter quelquefois des regards de pitié sur
cette partie souffrante et vraiment utile de la société. Vous
devez penser que le voyageur qui se trouve en pareilles
circonstances à Lyon, et dans d'autres villes de semblable
commerce, ne peut pas se former une idée trop brillante de
l'étendue de leurs fabriques. Ici, tout est languissant à peu
de chose près. A l'exception de quelques métiers qu'occupent
encore des taffetas, des étoffes de fantaisie, des broderies, un
nombre immense de fabriques se repose. Le négociant se
décourage. Cette activité, caractère distinctif du Lyonnais,
s'affaisse, s'oblitère, et la fortune publique dépérit avec celle
des particuliers. »

---

et du nombre des individus employés sur ces métiers. Les ouvriers en
tous genres sont portés à 58.500, les métiers à 14.777 y compris 5.441
vacants. (Péricaud. *Tablettes.*)

DE LYON A PARIS

PAR

AVIGNON, TOULOUSE, BORDEAUX, LA ROCHELLE ET TOURS.

De Valence, le 14 mars. — « Ce spectacle affligeant me fit quitter Lyon plus tôt que je n'avois projeté. Je me détachai avec moins de regret de cette belle et opulente cité, dans les murs de laquelle 30.000 spectres décharnés et livides promenoient leur inutilité et leur misère. Vienne fut la première ville du Dauphiné que je traversai. C'est le siège d'un archevêque. Sa cathédrale est un ancien bâtiment gothique, dont la voûte est peinte en couleur d'azur et enrichie d'étoiles d'or. A ses pieds, le Rhosne roule majestueusement ses flots ; dans l'éloignement, les montagnes du Forez et le mont Pilat, dont la cime couverte de neige, semble un point blanc qui va se confondre avec les nuages, enrichissent la perspective et forment un point de repos à la vue qui sans cela iroit se perdre dans le vague des airs. Plusieurs villes sont assises au bas de ces montagnes, telles que Viviers, Tournon et d'autres moins considérables ; dans leur sein sont implantées beaucoup d'autres que je n'ai pas vues. J'en regrette seulement deux, Saint-Étienne en Forez, à cause de sa manufacture d'armes, et Annonay pour celles de papier. Cette dernière n'est pas moins célèbre par MM. Montgolfier, premiers inventeurs des machines aérostatiques et les seuls qui en ayent tiré un grand parti, car ils ont eu le bonheur, avec du papier gris et de la fumée de paille, d'arriver aux honneurs, l'un de la noblesse, l'autre du cordon de Saint-Michel et de l'Académie des sciences. Ce dernier titre prouve plus en leur faveur que l'autre. La route qu'ils avoient voulu ouvrir dans les airs, et qui a été funeste aux Romain et aux Pilâtre de Rozier, eut été bien utile dans le pays qu'ils habitent, ainsi qu'au Dauphiné, et aux provinces voisines. Que de mauvais chemins, que de mauvais pas, ils eussent évité aux voyageurs et à eux-mêmes! Que de montagnes eussent été franchies sans peine! Quelle exacte topographie eut levé un géographe, à qui son ballon eut servi à la fois de carrosse et d'observatoire! C'est un enfant qui vient de naître, a dit le docteur Franklin; hélas cet enfant, dont la vanité nationale a pris plaisir d'orner le berceau, est mort presque en naissant. Mais, pourra-t-on dire, le hazard qui a fait trouver la poudre à canon, la boussole, l'électricité et tant d'autres choses admirables, nous réserve peut-être dans la suite des siècles la découverte des moyens de direction des aérostats. On auroit donc tort de se décourager. Qui eut cru, il y a cent ans seulement, qu'avec la force expansive (12) de la vapeur de l'eau bouillante, on feroit monter de l'eau à de grandes hauteurs, que par ce même levier, si l'on peut parler ainsi, des moulins moudroient le bled sans le secours de l'eau ou du vent, des bateaux chargés remonteroient le Rhosne, la Saône, l'Isère, trois fleuves rapides, sans le secours des chevaux, et que d'après ces espérances, une

---

(12) « La dilatation de l'eau mise en vapeur est de 1.758 fois sa densité, c'est-à-dire qu'un pouce d'eau donne 1,758 pouces de vapeur. » (Note de M. C. du T.)

compagnie se formeroit pour cette entreprise, et offriroit aux capitalistes ou à tous autres de s'intéresser dans les avantages qu'elle produira en y prenant des actions du prix de 2,000 l. chacune (13). L'auteur de ce projet a un avantage assuré sur celui des voitures aériennes, il a un point d'appui, la terre; au lieu que les autres ne peuvent se garantir des coups de vent en opposant quelque résistance à leur violence. Encore, si dans l'air on trouvoit des moussons réglées comme dans les mers de l'Inde, ou des vents alisés comme dans les mers occidentales, dont le retour périodique ou le cours constant puisse assurer aux voyageurs l'arrivée ou le départ, ils pourroient s'y risquer par l'espoir d'arriver plus vite. Mais comme il n'en est rien, continuons à nous servir de voitures et de chevaux pour arriver en sûreté où nous voulons aller. Laissons les plaines de l'air aux aigles et aux faucons. Le roi des animaux, l'homme, attaché par la force centripète à la terre qui le porte, ne pourra guère s'en élever qu'en courant les risques d'éprouver à ses dépens les loix impérieuses de la gravitation des corps.

« Je faisois ces réflexions en arrivant à Tain, gros bourg du Dauphiné, situé vis à vis de Tournon, petite ville du

---

(13) « On doit à l'abbé d'Arnal, chanoine de Nismes, l'application qu'il a faite aux moulins du moyen de la vapeur de l'eau bouillante, ce qui l'a conduit à l'employer à la remonte des bateaux. Plusieurs moulins sont déjà en activité dans cette ville. Quant à l'autre procédé, le temps seul peut détruire ou réaliser ses espérances et celles de ses associés. C'est par un mécanisme fort simple de rotation continue, produite par la vapeur, qu'il roule une corde qui tire le bateau. Le point d'appui sera sur le rivage, et deux petits bateaux, montés chacun par un homme et tirés par un cheval, porteront alternativement le trait. L'abbé d'Arnal a obtenu le privilège du Roy pour la navigation intérieure du royaume. » (Note de M. C. du T.)

Vivarais, le Rhosne entre deux. Dans la principale rue, mon postillon alla chercher le long d'un mur un gros arbre pour y faire monter ma voiture, et me prouver physiquement les loix de la gravitation. L'expérience fut complète et réussit bien mieux qu'il n'eut fallu pour m'en convaincre si j'en eusse douté un moment. Ce petit accident promptement réparé, je me remis en marche pour aller coucher à Valence, jolie ville épiscopale, arrosée par le Rhosne. Elle est, comme vous savez, le siège d'une commission royale établie pour juger les contrebandiers, faux-sauniers et autres malheureux que la misère et la paresse ont jeté dans ce métier dangereux... »

D'Avignon, le 15 mars. — De Valence à Avignon, la route est assez monotone ; seul l'arc d'Orange attire l'attention de M. C. du T. Après avoir parcouru quelques lieues, « deux clefs en sautoir m'apprennent, dit-il, que je suis en terre papale, une pancarte au nom de Sa Sainteté me le prouve, et un pays bien cultivé, une végétation avancée, des routes douces comme des allées de jardin m'indiquent que j'entre dans le comtat d'Avignon. Quel dommage qu'un pays aussi beau et aussi fertile, enclavé comme il est dans nos terres, soit soumis à une puissance étrangère. Quel dommage que le Roy, qui fait si souvent des échanges qui lui sont à charge, ne puisse pas traiter avec le Pape de la possession de ce domaine ! Mais en regardant les choses sous un autre point de vue, si ses habitants sont plus heureux, moins vexés, moins imposés que leurs voisins, il faut approuver ce qui est, et souhaiter pour eux qu'ils restent toujours dans le même état. »

Malgré son indifférence habituelle, M. C. du T. est séduit

par Villeneuve, et vante ce paysage si coloré et si riant. Mais
son enthousiasme ne va pas plus loin, èt l'aspect d'Avignon,
pittoresquement groupé autour du château des papes
n'arrête pas ses regards. Pour lui, Avignon est une assez
grande ville, dont les maisons sont bien bâties. On y
compte environ 30.000 habitants... On y voit beaucoup de
prêtres et beaucoup de moines. « Le légat a pour sa garde
une compagnie de chevau-légers, habillés d'écarlate et
galonnés sur les tailles, et une douzaine de suisses, grands
comme des Patagons, habillés avec des soubrevestes et des
hauts de chausses déchiquetés faits de drap bleu et rouge à
peu près comme les Cent-Suisses. » Conduit d'églises en
églises, il se fait montrer « aux Cordeliers, le tombeau de
Pétrarque, l'amoureux de Laure, aux Pénitents Noirs, le
tableau de la Cène, aux Pénitents de la Miséricorde, un
christ en yvoire très curieux (14), un tableau du maître-
autel représentant un christ sur la croix, et un saint Sébas-
tien, tous deux ouvrages de grands peintres de l'ancienne
école. »

De Nismes, le 20 mars. — « En quittant Villeneuve, j'ai
dit adieu au Dauphiné, au comtat, au Rhosne. Ce ne fut
qu'avec regret que, par un cours de circonstances particulières, je me vis forcé à ne voir la Provence que du haut
des clochers d'Avignon. Je sacrifiai ma curiosité à la loi
impérieuse de la nécessité, et laissant derrière moi Aix,
Marseille, Toulon, Hyères, je continuai ma route à travers
les délicieuses plaines du Languedoc. »

---

(14) C'est le célèbre christ de Jean Guillermin, qui se trouve actuellement au Musée d'Avignon.

M. C. du T. est émerveillé par le Pont du Gard, il exalte le génie des Romains. A Nimes, il est péniblement impressionné en voyant « les ruelles informes, obscures, malpropres, conduisant à des maisons encore plus dégoutantes, construites au milieu des arènes de Nismes, aux dépens même des matériaux de cet édifice... Mais ce qui augmente les regrets de tout homme, qui, sans se connaître en architecture, se sent pénétré de vénération pour ces précieux restes de l'antiquité, c'est alors qu'après avoir monté sur l'étage supérieur du plan circulaire des arènes, il voit les effets malheureux et irréparables de l'ignorance des peuples et encore plus de l'insouciance honteuse de l'administration. » — Dans plusieurs parties, en effet, des rangs de pierres ont été enlevés, le cintre éventré pour percer des rues. Il constate toutefois que M. de Calonne a fait tout son possible pour rendre à ce monument son aspect primitif, qu'on y a dépensé 450.000 francs et qu'il faut espérer qu'avec le temps le monument sera dégagé de toutes ces masures qui le déshonorent. Après avoir admiré la Maison Carrée, il poursuit ainsi : « Quant à la ville, elle a comme beaucoup d'autres, de belles et de vilaines maisons, de larges et d'étroites rues, des églises fort ordinaires. Fléchier, comme vous savez, en a été le digne évêque. Sa mémoire y est en vénération. On se souvient encore avec attendrissement que dans le fameux hyver de 1709, il ouvrit ses greniers pour nourrir son peuple, et que chrétiens et protestans, Français et Anglais participèrent à ses largesses. Un simple tombeau couvre ses cendres. Mais des monuments plus durables que le marbre et l'airain transmettront son nom à la postérité. Il fonda à Nismes et dota plusieurs hôpitaux, et non content d'assurer au pauvre un asile dans les jours de douleur et de souffrance, il le

consola dans ses peines, le protégea dans ses entreprises et
le défendit de l'oppression. Qu'un évêque est respectable
quand il se présente à la postérité revêtu de tant de titres ! »

A Nîmes, comme à Lyon, l'industrie est en souffrance,
les fabriques de soieries périclitent. Il en est de même dans
le nord, à Rouen, à Amiens, pour les manufactures de
laine et de coton. Enfin, à cette époque malheureuse, tout
concordait à l'appauvrissement et à la misère du pays. On
sait qu'une suite de mauvaises années avait amené une
disette de grains, puis une cherté excessive dans le prix du
pain. Il en résulta des troubles que les révolutionnaires, et
certain parti hostile à la cour exploitèrent habilement, et
qui furent le sanglant prélude des massacres et de l'anar-
chie.

De Montpellier, le 22 mars. — « *Mons Puellarum* est le nom
latin de Montpellier. On croiroit à ce nom que cette ville,
qu'un soleil toujours pur inonde de ses rayons, est le point
central où se réunit la fleur du beau sexe, et que la brillante
cohorte de la mère des amours l'a choisie pour l'habiter.
Qui voudroit juger des femmes sur le nom de la ville seroit
un peu trompé dans son calcul. Elles ont de l'esprit, de la
vivacité, des grâces,

« . . . . d'assez beaux yeux,
« Pour des yeux de province,

« mais je n'ai point vu de Vénus. Des méchants m'ont dit
à l'oreille que cette bienfaisante déesse y commandoit sans
partage, et que dans certaines saisons de l'année, son
influence y étoit très puissante. Les maris n'en convien-
dront pas et auront raison. »

La ville de Montpellier est grande et peuplée. Elle a de belles promenades, qui n'ont malheureusement pas d'ombre. M. C. du T. n'oublie pas la célèbre Faculté de médecine, et il donne d'intéressants détails sur une institution de bienfaisance, la *Miséricorde*, qui procure à domicile les secours, les soins et les remèdes nécessaires, par l'entremise des Sœurs grises, qui visitent et consolent les malades indigents.

De Castelnaudary, le 25 mars. — Pézenas, Narbonne et Béziers, ne donnent lieu à aucune remarque de notre voyageur. Il n'en est pas de même pour le canal du Languedoc, « qui, à une demi-lieue de Béziers, présente une cascade magnifique tombant en huit nappes et formant un coup d'œil éblouissant. Ce canal a 120.494 toises depuis son embouchure dans la Garonne jusqu'à la rivière d'Hérault, à Agde. Sa plus grande hauteur est de 31 toises au dessus de la Garonne, et de 96 au dessus de son niveau de décharge dans la Méditerranée. On trouve sur son étendue 63 écluses et 102 bassins. A une lieue et demie après Béziers, on a percé une montagne pour faire passer le canal, cette voute a 85 toises de long, 4 de large et 4 1/2 de haut. » Après la description des chaussées, des digues, des réservoirs, des explications sur le jeu des écluses et de longues considérations sur les avantages commerciaux du canal, M. C. du T. fait le récit d'une visite à l'école de Sorèze.

« L'école royale militaire de Sorèze est à une demi-lieue de Castelnaudary. Elle est tenue par des bénédictins qui n'ont de moines que l'habit. Il y a 360 écoliers à qui l'on apprend à chanter, danser, dessiner, écrire, monter à cheval, nager, faire l'exercice, jouer du violon, du haut-

bois, de la clarinette, du basson, de la basse, donner du
cor, faire des armes; on leur enseigne le latin, l'anglais,
l'allemand, l'italien et même le français, les mathématiques,
l'histoire, etc., etc. Enfin que n'y montre-t-on pas! Mais
ne croyez pas qu'avec tout cet appareil scientifique qui
n'en impose qu'aux aveugles, les enfants sortent de ce
collège beaucoup plus savans que les nôtres. Sur ce grand
nombre d'écoliers, quelques-uns ont des dispositions natu-
relles, travaillent de bon cœur et sont suivis. Ce sont ceux-là
dont les moines font parade. D'autres, avec moins de
facilité ou de bonne volonté, languissent dans les classes,
s'endorment dans leur paresse et restent derrière la toile.
C'est tout comme chez nous. Et je pense qu'à la fin des
études d'un jeune homme élevé dans ces sortes de collèges, on pourroit faire une aussi longue liste de ce qu'il
ignore, que celle de ce qu'on devoit lui montrer. Ce n'est
pas par esprit de critique que je dis cela. C'est l'inconvé-
nient attaché à ces sortes d'éducations, qui sont plutôt insti-
tuées pour la vanité des parens que pour l'avantage réel des
jeunes gens.

« Vous me demanderez peut-être si j'ai trouvé dans la
bibliothèque du couvent des éditions curieuses, des manus-
crits précieux ou au moins une quantité de bons livres.
Non, vous dirai-je, c'est la seule partie du couvent que l'on
ne m'a pas montrée, et sur la demande que j'en ai faite, on
m'a répondu qu'elle étoit peu considérable. Cela s'entend.
Mais la bibliothèque musicale, composée d'opéras de Gluck,
Piccini, Sacchini, Philidor, Rameau, d'opéras comiques de
nos meilleurs auteurs, d'ariettes détachées, de symphonies,
de motets français et italiens, compense par le choix et par
le nombre de bons ouvrages ce qui manque à l'autre. Les
enfans exécutent des chœurs, chantent des ariettes et

forment la symphonie. Huit maitres de musique président à
l'orchestre, et pour peu qu'il se trouve quelque étranger
qui aime la musique, il est régalé par un concert. A moi,
tout indigne que je suis, on m'avoit offert de m'en donner
un le soir, si je voulois rester jusqu'au lendemain. J'ai eu
assez de force pour résister à une offre aussi séduisante, et
j'ai quitté les moines comblé de leurs politesses et ravi de
leur bonne réception. Ce qui veut dire que moyennant des
lettres de recommandation, j'ai été traité dans le couvent
et diné avec toute la communauté. »

De Toulouse, le 27 mars. — M. C. du T. a fait un charmant voyage par le canal du Languedoc. Il a visité Carcassonne « qui est fort agréable, et fait un grand commerce
de draperies fines, pour le moment en souffrance de la
concurrence anglaise. » Il préfère la société de Carcassonne
riche, aisée et bourgeoise, à celle de Toulouse, ville de
noblesse, pauvre, sans animation. Il fait part à son ami de
l'emprisonnement de M. de Catelan, avocat-général au Parlement de Toulouse, lequel fut par ordre du roi enfermé et
conduit au château de Lourdes, le 23 mars, jour de Pâques.
Mais il ne trouve pas un mot à dire sur cette curieuse
cité du Moyen Age ; sur ces murailles, ces tours, ces vieux
édifices qui, par leur ensemble et leur belle conservation,
font de Carcassonne une ville à part, digne de l'admiration
de l'artiste, du poète, de l'archéologue. Il est vrai qu'à cette
époque, les splendides cathédrales gothiques, les chefs-
d'œuvre artistiques du Moyen Age et de la Renaissance,
étaient non pas dédaignés, mais méprisés. M. C. du T.
était un Parisien, et en cela il suivait la mode ; s'il avait vécu
du temps du romantisme, il se serait enthousiasmé.

De Toulouse, le 19 avril. — « Les affaires qui me retiennent ici ne prennent point une tournure agréable. Je n'avance en rien, tout est dans une situation décourageante. » Toulouse est une grande ville, les rues sont tortueuses, étroites, mal pavées et mal éclairées. Il y a beaucoup d'églises, de chapelles, de couvents, de séminaires et de collèges. Plusieurs de ces églises ou chapelles contiennent des reliques qui attirent un grand nombre de pèlerins et de visiteurs. M. C. du T. paraît avoir peu de confiance en la vertu des reliques. « Il faut, dit-il, que les hommes soient bien méchants ou que Dieu laisse agir les causes secondes, pour qu'il y ait autant de maladies répandues sur la terre, tandis que, depuis la migraine jusqu'à la mort subite, nos reliquaires nous présentent des remèdes et des préservatifs. Je ne connois qu'une seule maladie pour laquelle il n'y ait point de saint revêtu d'un pouvoir spécial et particulier. Sur ce, je prie Dieu, mon cher ami, pour qu'il nous en garantisse l'un et l'autre. »

P. S. — « Comme j'étois occupé à vous écrire cette lettre, une personne de ce pays-ci, qui a des bontés pour moi, est venue m'engager d'aller passer quelque temps avec elle à Revel. J'ai accepté ses offres, avec grand plaisir, comme vous eussiez fait à ma place. »

De Toulouse, le 28 avril. — M. C. du T. vient de passer une semaine à Revel avec beaucoup de plaisir. Il continue la description de Toulouse. Il y a quatre confréries de pénitents qui ont des chapelles superbes, mais qui, outre cela, se font remarquer par une grande charité. Il admire les belles promenades, l'Hôtel de Ville, et s'apitoie sur le sort de Calas. Toulouse offre de grandes ressources pour les gens de lettres et les savants : « des cabinets très curieux

d'histoire naturelle, de tableaux, d'estampes, des biblio-
thèques publiques, un jardin des plantes, des cours de
physique et de chimie, un observatoire, une académie des
sciences, et celle des Jeux floraux. Ces deux assemblées
littéraires, surtout la première, sont bien composées. Elles
ne doivent pas être assimilées à de certaines, telles que
celle de Villefranche de Beaujolois, dans laquelle, disoit
Voltaire, on s'occupe à tourner des vers en prose. Je me
flatte que cette lettre sera la dernière que je vous écrirai de
Toulouse. Je suis sur le point de transiger et de m'arranger
avec ma partie. » Il annonce qu'il quittera Toulouse pour
Bordeaux avec plaisir, malgré tous les soins dont il a été
l'objet.

De Bordeaux, le 5 mai. — De Toulouse à Montauban,
il y a douze lieues, mais le pays est si joli que la route
paraît courte. Il traverse Agen, La Réole, Aiguillon, « où
est un fort beau château tout neuf, construit par le duc de
ce nom, pendant son exil, après son expulsion du ministère, en 1774. » A Bordeaux, il lui semble être à Paris.
« Dès les faubourgs, je vois un air d'activité qui me ranime,
une population nombreuse, des voitures, des femmes
élégantes, des petits maîtres. » Il donne ensuite de nombreux renseignements sur le commerce de la ville, le mouvement du port, l'importance des importations et exporta-
tions.

De Bordeaux, le 11 mai. — M. C. du T. entretient son
ami de l'édit de Louis XVI sur les Parlements ; la veille on
avait notifié le décret au Parlement de Bordeaux. Il continue

la description de la ville qui, comme toutes les vieilles cités, a des rues laides et malpropres. On commence pourtant à démolir et à faire de belles rues : la rue du Chapeau-Rouge est un échantillon des embellissements que l'on projette pour le reste de la ville. Il remarque deux bâtiments modernes très beaux, l'archevêché et le théâtre ; ce dernier surtout attire son attention, il le décrit minutieusement, après quoi il ajoute : « Mon avis n'est rien en fait d'architecture. Je n'ai d'autre connaissance que l'habitude de voir et de comparer ; mais cependant me sera-t-il permis de dire que je n'ai point encore vu de plus belle salle tant pour l'intérieur que pour l'extérieur, que celle dont je vous présente une esquisse. »

De Paris, le 7 mai. — M. de Br. à M.C. du T. — Il lui mande ce qui s'est passé au Parlement de Paris à propos des décrets de Louis XVI, réduisant les Parlements. Il blâme vertement cette mesure : le pouvoir, les ministres ne sont pas assez forts pour faire de semblables coups d'État. « Jamais, ajoute-t-il, le cardinal de Richelieu n'eut osé faire ce que nous venons de voir, et la détention de Broussel étoit beaucoup moins révoltante dans ses détails que la scène qui vient de se passer sous nos yeux ».

De Bordeaux, le 16 mai. — Réponse à la précédente : « Quoique je craigne plus les Parlemens que je ne les aime, que je me défie de leurs principes et de leur égoïsme orgueilleux, je n'ai pu lire tous les détails que contient votre lettre sans en être profondément affecté. » Il déplore l'incapacité et la faiblesse du roi, la nullité des ministres et prévoit une catastrophe prochaine. Au sujet des nouvelles apportées par un navire venant d'Ostie, il parle du roi et de la reine de Naples, du duc et de la duchesse de Parme, qui se font remarquer aussi bien par leur incurie gouvernementale, que par le désordre de leurs maisons. « Ce sont de terribles femmes, ces Autrichiennes ! A Naples, à Parme, à Paris, il n'est bruit que d'elles, on ne craint qu'elles, on ne voit qu'elles, on ne parle que d'elles. Leurs époux sont presque derrière le rideau. »

De La Rochelle, le 26 mai. — En quittant Bordeaux pour Paris on traverse la Garonne sur une barque qui porte voyageurs, passagers, chevaux, voitures et marchandises. On débarque à la Bastide, petit village sur la rive droite. Si le voyageur dispose de quelques instants et veut monter sur une des hauteurs voisines, il jouit d'une vue superbe sur Bordeaux. Jusqu'à Saintes la route est abominable. Saintes est peu intéressante, M. C. du T. ne s'y arrête pas.

Rochefort est une ville neuve, bâtie par Louis XIV et dont les rues sont tirées au cordeau comme celles de Versailles. Elle n'est guère peuplée, le climat en est très malsain, étant entourée de marais et de lagunes qui répandent des odeurs pestilentielles. Ce qu'il y a de remarquable à Rochefort ce sont les chantiers du roi, immenses chantiers de constructions maritimes, ils s'y étendent en pleine activité; 900 galériens y travaillent. En homme sensible, il s'apitoie beaucoup sur le sort des galériens. Après avoir vu tous ces travaux, ces vaisseaux, ces canons, ces armements : « Je terminerai par un souhait bien chrétien et bien philosophique, deux titres qui ne sont pas toujours réunis. Plût au ciel que tous les vaisseaux de guerre des puissances de l'univers, se pourrissent dans leurs ports plutôt que de servir la haine et la cupidité de leurs rois et de leurs ministres; ou qu'employés seulement à porter dans des régions inconnues nos arts, nos inventions, nos productions, ils puissent contribuer au bonheur de l'homme, et que le noir et le blanc, l'olivâtre et le blafard, réunis par les liens d'un commerce amical ne forment plus qu'une même famille !... Mais je ne vous en dirai pas davantage, car je crains que vous ne remettiez cette heureuse résolution au temps où les souverains sans ambition ne songeront qu'à leurs affaires, et à rendre leurs sujets heureux, où les femmes devenues économes et raisonnables, ne voudront plaire qu'à leurs maris, où les maris n'aimeront que leurs femmes, où les magistrats et les grands, moins égoïstes et plus citoyens, moins orgueilleux et plus populaires, s'occuperont réellement de l'existence de leurs inférieurs, de bien régler leurs maisons et de payer leurs dettes, où les bourgeois ne voudront plus copier les grands seigneurs, où les gens d'église prêcheront d'exemple. Enfin quand le projet de la paix universelle du bon abbé de Saint-Pierre accueilli, exécuté, suivi, depuis le sceptre jusqu'à la houlette, depuis le plus puissant jusqu'au plus faible, du nord au midi, du levant au couchant, aura purgé le monde de soldats, de gens de justice, de prêtres et de courtisans. »

M. de Br. écrit de Paris trois lettres datées des 18 et 25 mai et 2 juin, dans lesquelles il rend compte des troubles occasionnés par l'enregistrement des édits royaux au Parlement. Il juge très graves les mesures prises et en attribue la plus grande responsabilité à la reine. Il parle de l'effervescence causée en province, principalement à Grenoble, par les ordonnances contre les Parlements; il ne ménage pas le ministre Loménie de Brienne, « ce prélat aussi indigne prêtre que mauvais administrateur, est venu à cette place sans autre mérite que l'intrigue, sans autre recommandation que la souplesse, sans autre prôneur que l'abbé de Vermont. Celui-ci, créature de la Reine, vendu à l'Empereur (auprès de qui il vient de faire un voyage secret) l'a voituré à cette place, parce que sous l'écorce de philosophie qui le décorait, il a discerné qu'il était homme sans principes et sans foi, un homme à qui l'ambition rendoit tout possible, une espèce d'enfant perdu, bon à lancer dans l'arène politique. »

D'Orléans, le 7 juin. — M. C. du T. touche au terme de son voyage. Il a traversé le Poitou, la Touraine, le Blaisois sans admirer les célèbres châteaux des bords de la Loire. Les merveilles de la Renaissance ne le frappent pas plus que le caractère imposant des édifices du Moyen Age.

« Vous voyez, mon cher ami, par la date de cette lettre, que j'approche de Paris, c'est avec un grand plaisir, car on a beau voyager, on revient toujours à dire qu'il n'y a qu'un Paris. Cependant avant de rentrer dans sa vaste enceinte, je vais vous dire un mot de Poitiers, Tours et Orléans... Poitiers est grande et bien peuplée. Il est peu de villes de province qui aient un abord plus beau et plus majestueux que Tours; il y a un pont sur la Loire de 15 arches et d'environ 535 pas. » Les fabriques de cette ville n'ont pas plus échappé que celles de Lyon et de Nîmes à l'inertie causée par la disette des soies. Elles sont presque absolument sans ouvrage. Il visite Marmoutier, « l'église et la maison sont magnifiques ». C'est là qu'est exilé le cardinal de Rohan à la suite du fameux procès du Collier.

« De Tours à Blois on cotoie la Loire. On jouit sur ses bords d'un spectacle magnifique. La campagne est bien cultivée et la terre est bonne et fertile. Des maisons de campagne charmantes, Amboise, Chanteloup, embellisrent la pérspective et dissipent l'inquiétude que pourroit ressentir un voyageur timide, en roulant sur cette longue chaussée, que des chevaux rétifs ou des postillons ivres, rendoient fort dangereuse... La ville de Blois est bâtie sur une hauteur. Elle est petite, mais agréable ; son château n'est pas encore achevé. A Orléans, le commerce n'a rien perdu et les fabriques vont toujours. On remarque dans cette ville une fort belle rue bâtie à peu près comme celle de Tours. Elle communique au pont, ouvrage de M. Perronet (comme celui de Tours) et digne de sa réputation. Il a neuf arches et j'y ai compté 409 pas de longueur. La cathédrale dite de Sainte-Croix mérite d'être vue et examinée et n'a jamais été finie. »

APPENDICE

Tiré à vingt-cinq exemplaires.

I

De Toulouse, le 30 mars. — « ... Comme le chevalier (1) s'en retourne demain à Paris, je l'ai chargé de vous remettre quelques écrits qui ont rapport à nos affaires. Je profite en même temps de cette occasion pour vous donner de mes nouvelles. Vous trouverez ci-inclus une espèce de rondeau redoublé que j'ai fait ici dans mes moments d'ennui. Faites-moi le plaisir de le remettre à qui vous savez. »

RONDEAU

Entre deux draps de toile propre et nette,
Graves auteurs ont dit qu'on est bien en tout temps.
Chacun pense comme eux et nul ne les dément,
Fût-il pape ou muphti, philosophe ou nonnette,
Monarque, savetier, goujat ou conquérant.

---

(1) Le chevalier de Ghelny qui revenait d'un voyage de deux ans à travers l'Europe.

Mais ce plaisir paroît bien plus charmant
   Au voyageur, après une journée
A courir les chemins qu'il a toute employée,
   Quand il se voit voluptueusement
      Entre deux draps.

Hélas ! ce doux jouir est de peu de durée ;
A peine a-t-il goûté des faveurs de Morphée
Que le coq matinal le réveille ; à l'instant
   Il faut songer à profiter du temps,
   Il faut partir, reprendre son voyage,
   Eut-il désir de rester davantage
      Entre deux draps.

   Courir du Nord jusques dans les Espagnes,
   Voir chaque jour des visages nouveaux,
   Là des vallons et plus loin des montagnes
Des heureux quelquefois, et partout des tombeaux.
C'est pour le philosophe une moisson fertile,
   De ce qu'il voit il extrait tout l'utile,
   Et son esprit y gagne ainsi que son savoir.
   Mais le retour n'a-t-il point son mérite ?
   D'autres plaisirs l'attendent au manoir,
   Quand on a bien jasé le soir
Il est doux d'achever l'histoire qu'on débite
      Entre deux draps.

   Viendra le temps, il approche sans doute,
   Où je pourrai regagner ma maison ;
   Ne ferai de longtemps une pareille route,
   Je craindrois d'imiter l'exemple de Jason

Qui porta ses armes en Crète
Pour conquérir une toison,
Tandis qu'il en pouvoit trouver de plus parfaite
Entre deux draps.

Envoi à Mme N.

Tout en marchant pour me désennuyer,
En ces couplets j'ai tourmenté ma prose;
C'est fort peu, j'en conviens, mais c'est toujours rimer,
En attendant que je rime autre chose
Entre deux draps.

II

De Bordeaux, le 16 mai. — Suite de la lettre de M. C.
du T., où il est fait mention de la reine de Naples et de la
duchesse de Parme, filles de l'impératrice Marie-Thérèse
d'Autriche. « J'espère que vous me dispenserez de parler
de la troisième sœur. Nous sommes trop près d'elle pour
pouvoir en risquer un jugement quelconque, soit en bien
soit en mal. La postérité seule pourra lui marquer sa place,
la postérité seule pourra confirmer ou détruire la voix
publique qui la groupe contre Isabeau de Bavière et Marie
de Médicis. Nous ne la voyons maintenant qu'avec des
yeux prévenus. Puisse-t-elle un jour, nous faire oublier
par ses bienfaits tout le mal qu'elle nous a fait, et celui
qu'elle nous fera en attendant le moment de resipiscence!
L'entreprise sera d'autant plus glorieuse qu'elle sera
immense. Le Français n'est pas né pour haïr; ailleurs, le
peuple craint et respecte ses souverains, en France, il les
adore. Malheur au ministre prévaricateur qui ne ménagera

pas ce tendre sentiment et qui ne frémira pas de substituer l'épée et la bayonnette à l'amour et à la confiance. »

De Paris, le 2 juin. — M. de Br. à M. C. du T. — « Ce n'est pas certainement la faute de la Reine et de ses adhérents si les choses ne vont pas mieux. Elle a été de tous les comités qui ont précédé cette funeste révolution que l'on peut regarder comme son ouvrage (2). Elle en suit les progrès et gémit de leur lenteur. Sans elle, le Roy naturellement faible et sans énergie, n'auroit pas eu seul le courage de l'entreprendre. Tout ce qu'il prévoyoit de remontrances, de protestations, de réclamations l'auroient effrayé et dégoûté. Mais la Reine, au contraire, acharnée à vaincre tous les obstacles qu'opposoient l'enregistrement des couts à ses déprédations, et aux moyens d'y pourvoir, lui cria tant et tant de fois, que s'il n'avoit pas de fermeté on le mettroit en tutelle, et qu'il perdroit toute son autorité en ne voulant pas la défendre, qu'enfin il consentit, pour avoir la paix, à faire comme s'il eut été bien persuadé.

« Vous avez bien raison de dire (3) que ce sont de terribles femmes que ces Autrichiennes. Mais l'ambition seule ne les inspire pas; elles savent en tempérer l'austérité par des sentimens plus humains. La reine de Naples et la duchesse de Parme, toutes intriguantes qu'elles sont naturellement, savent allier aux plaisirs du pouvoir suprême les délices de la volupté. On raconte d'elles quelques anecdotes qui pourroient les rendre dignes de l'application du mot

---

(2) Il s'agit des mesures prises contre les Parlements dont il a été question plus haut.

(3) Voir la lettre datée de Bordeaux, le 16 mai.

de Juvénal au sujet d'une fameuse impératrice romaine dont la réputation pour les plaisirs des sens est bien établie : *Et lassata viris, necdum satiata recessit*, dit-il en parlant d'elle. Je suis bien éloigné de mettre l'autre sœur dans la même classe. Elle a des gouts plus relevés et des appétits moins exigeants. Elle ne choisit pas ses galants dans les écuries, dans les antichambres ou parmi les comédiens, mais dans la foule élégante des jeunes seigneurs qui l'entourent. Sa cour est un parterre dont sa main délicate, exercée, sait cueillir les fleurs les plus agréables et en extraire les sucs les plus délicieux. Heureux trois fois, cent fois heureux le mortel qu'une étoile favorable amène à ses pieds.

« Ne croyez pas, mon cher ami que la France ait le privilège exclusif de fournir des fleurs à ce tant joli parterre. La dame porte avec autant de plaisir un bouquet composé de fleurs indigènes, que de fleurs exogènes. Son goût l'entraine à tout ce qui est agréable, eût-il reçu le jour soit aux sables brulants du midi, soit aux glaces éternelles des régions hyperboréennes. Ceci me conduit à quitter mon style figuré, pour vous donner une petite explication, ou plutôt une réponse à une question que vous m'avez faite (4) au sujet d'un certain comte de Fersen. C'est un Suédois, jeune, beau garçon et promettant beaucoup, du moins alors, car à présent il est un peu fatigué. La dame a jeté un regard d'amitié sur ce bel étranger. Mais comme décemment elle ne pouvoit faire les premiers pas, et exposer face à face ses petits besoins à son vainqueur, elle a eu recours

------

(4) M. C. du T. écrivait de Toulouse, le 30 mars : « Faites-moi le plaisir de vous informer quel est un certain M. de *Persain* ou de *Persain*, officier russe ou danois, qui, m'a-t-on dit, est très bien auprès d'une de nos dames les plus distinguées au superlatif. »

à un tiers. Et quel étoit ce tiers ? La fameuse comtesse de la Motte. C'est elle qui a fait les avances; c'est elle qui a expliqué en bon français au beau Suédois les amoureuses intentions de la souveraine. Pour cela il y a entre madame de la Motte et celle qui l'employoit une correspondance intime, très intéressante et dont certains articles, dit-on, brulent le papier. Cette correspondance est restée entre les mains de madame de la Motte, et lors de son affaire avec le cardinal de Rohan au sujet du fameux collier, et de sa détention à la Bastille, son mari se réfugia en Angleterre et emporta avec lui les lettres et les diamants. C'étoit plus qu'il n'en falloit pour assurer sa fortune, mais les précieuses lettres étoient encore d'un plus grand prix. Il tenoit dans ses mains les destinées d'une reine. Il pouvoit en un moment réduire en fait ce qui n'étoit encore qu'un doute. Il pouvoit enfin prouver à la France et à l'Europe que

« ... la garde qui veille aux barrières du Louvre,
« N'en défend pas nos rois,

« Cependant trop bien conseillé pour se laisser aller aux premiers cris de sa vengeance, il se fia à la suite des événemens et au besoin que l'on avoit de sa discrétion pour se la faire chèrement acheter. C'étoit raisonner solidement. La condamnation de sa femme et la punition infamante que le Parlement lui infligea, ne le fit pas changer de plan. Il ne répondit à toutes les sollicitations que la Reine lui fit faire par ses émissaires, à toutes les offres d'argent, qu'il ne traiteroit en aucune façon que madame de la Motte ne fut revenue auprès de lui. C'étoit un préliminaire indispensable. Cet obstacle fut bientôt levé; madame de la Motte s'échappa de l'hopital parce qu'on le voulut bien, et courut rejoindre son mari. Il ne fut plus alors difficile de traiter avec eux pour la remise de ces fatales lettres. Madame de Polignac, sous prétexte d'un voyage de curiosité en Angleterre, y passa pour conclure les conventions, et revint en France rapporter à la Reine ce précieux dépôt. Une seule lettre, a-t-on dit, s'est égarée; Mais une copie de cette correspondance s'est aussi égarée. Elle a circulé en Angleterre; lord Gordon l'a portée en Hollande et par là, la réputation de l'Autrichienne est aussi bien établie que celle de ses deux sœurs en France et en Italie.

« Je reviens maintenant à M. de Fersen. L'amour n'exclut pas l'ambition; honoré des faveurs d'une dame aussi puissante, il crut devoir en profiter et fit bien. Jusqu'à ce moment il n'étoit point placé. N'étoit-il pas honteux qu'un tel protégé ne recueillît pas quelques faveurs plus solides que celles des myrtes de Paphos! La Reine devina ce qu'il désiroit, et le servit de tout son pouvoir. Par ses émissaires, elle fit proposer au comte de Sparre de céder au comte de Fersen son régiment de Royal-Suédois. Celui-ci se fit prier, mais il vit d'où le coup partoit et sagement il sentit la nécessité de céder. Moyennant une somme d'argent, de grandes promesses d'avancement et une pension de 30.000 livres, il fit passer son régiment au comte de Fersen. Ceci convenu et conclu, deux de ses neveux à qui ce régiment avoit été promis, vinrent à la traverse et se plaignirent amèrement de l'injustice qui leur avoit été faite; le régiment leur ayant été promis à la retraite de leur oncle. On ferma la bouche promptement à ces criards en leur jetant une pension de 30.000 livres et une somme d'argent à partager entre eux. Moyennant ces petits sacrifices, tout le monde fut content, et la Reine aussi. Il en coute quelque argent, mais qu'y faire? nos maîtres s'amusent, nous sommes trop heureux.

« Je ne vous dirai pas combien de temps le comte de
Fersen a captivé les bonnes grâces de la souveraine. Mais
certainement il y aura eu quelques intermédiaires, quelques
passe-volans entre lui et M. de Lamoignon, fils du garde
des sceaux. Ce jeune homme est des voyages de Trianon,
admis aux soupers, au jeu, aux plaisirs de ce séjour enchan-
teur. Enfin la chronique le donne pour le survivant en
activité du Suédois.

« J'en reste là, mon cher, mais soyez aussi économe
que prudent dans l'emploi que vous pourrez faire de mes
instructions. Il n'est pas besoin de vous en dire les raisons,
ni de renouveler l'assurance de mes tendres sentimens. »

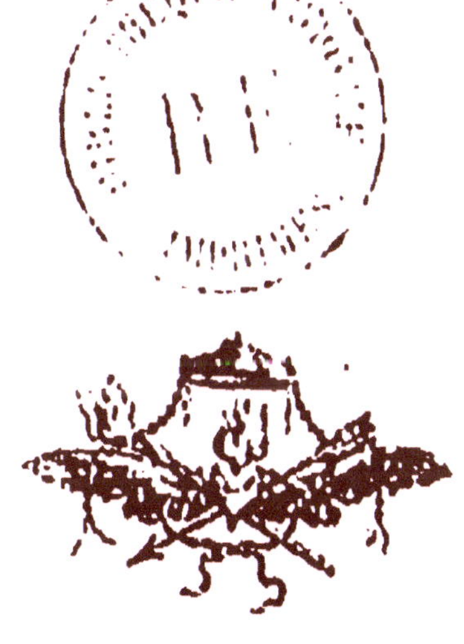

LYON

IMPRIMERIE MOUGIN-RUSAND

3, Rue Stella, 3